Las frutas

Steve Taylor

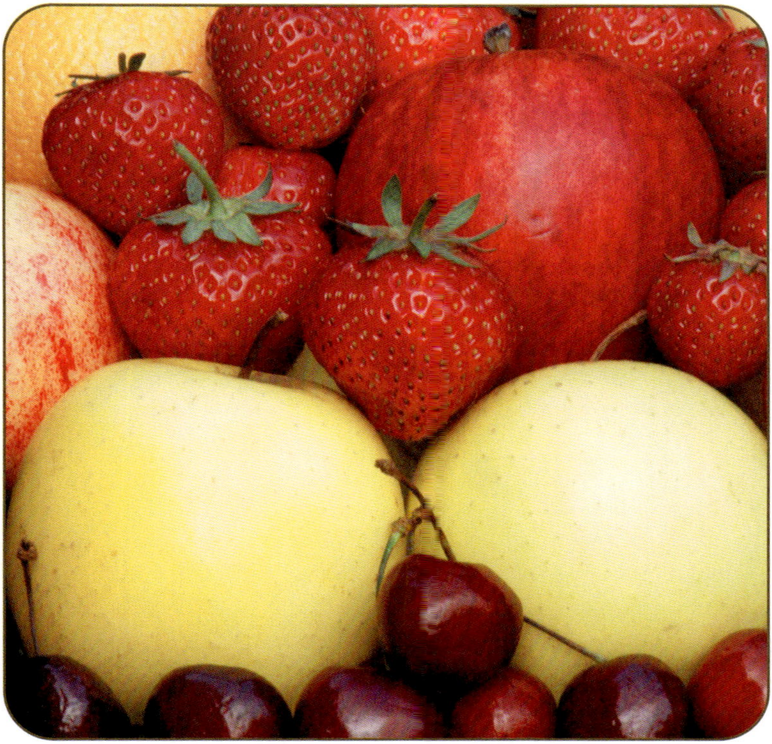

Traducción al español: José María Obregón

en español

The Rosen Publishing Group, Inc.
New York

Las frutas son la parte dulce y jugosa de las plantas. Existen muchos tipos de frutas.

Las frutas crecen en muchos lugares. Las manzanas crecen en un árbol llamado manzano.

Las peras crecen en un árbol llamado peral.

Los plátanos crecen en un árbol llamado platanero.

Las naranjas crecen en un árbol llamado naranjo.

Pero no todas las frutas crecen en árboles. Las frambuesas crecen en arbustos.

Las fresas crecen en plantas.

Los agricultores recogen la fruta
y la ponen en cajas grandes.
Luego ponen las cajas en
un camión.

El camión lleva la fruta a las tiendas. En la tienda tú puedes comprar fruta.

La fruta es un alimento muy sano. Además, la fruta tiene muy buen sabor.

Palabras que debes saber

(los) arbustos

(las) frambuesas

(las) fresas

(las) manzanas

(las) naranjas

(las) peras

(los) plátanos